Daniel Wiechmann

Low-Carb mit dem SPIRALSCHNEIDER

Daniel Wiechmann

Low-Carb mit dem SPIRALSCHNEIDER

Leichte Rezepte zum Abnehmen

riva

Bibliografische Information der Deutschen Nationalbibliothek
Die Deutsche Nationalbibliothek verzeichnet diese Publikation in der Deutschen Nationalbibliografie.
Detaillierte bibliografische Daten sind im Internet über http://d-nb.de abrufbar.

Für Fragen und Anregungen:
info@rivaverlag.de

Originalausgabe
1. Auflage 2016

Nymphenburger Straße 86
D-80636 München
Tel.: 089 651285-0
Fax: 089 652096

Redaktion: Caroline Kazianka
Umschlaggestaltung: Laura Osswald
Umschlagabbildung: Shutterstock/violeta pasat; Shutterstock/vata; iStock/seramo
Satz: Satzwerk Huber, Germering
Druck: Florjancic Tisk d.o.o., Slowenien
Printed in the EU

ISBN Print 978-3-86883-968-5
ISBN E-Book (PDF) 978-3-95971-314-6
ISBN E-Book (EPUB, Mobi) 978-3-95971-315-3

Weitere Informationen zum Verlag finden Sie unter

www.rivaverlag.de

Beachten Sie auch unsere weiteren Verlage unter www.muenchner-verlagsgruppe.de

Inhalt

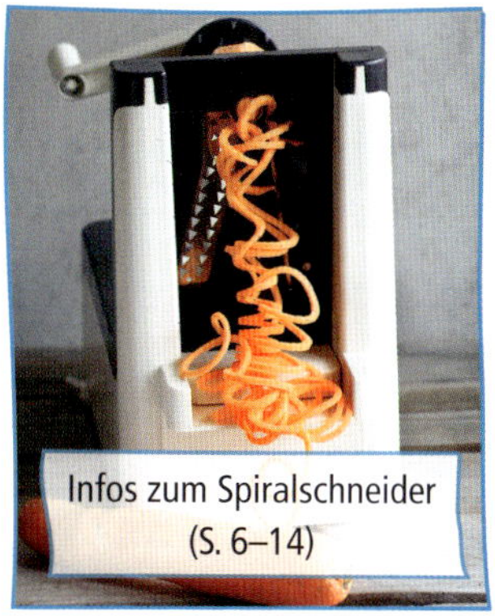

Warum der Spiralschneider in keiner Küche fehlen darf

Er ist ein kleines Küchenwerkzeug mit großer Wirkung: Der Spiralschneider ist ein unverzichtbarer Helfer in der Küche. Die Gründe dafür sind vielfältig. Ein Spiralschneider ebnet jedem den Weg in die angesagte Low-Carb-Küche, mit ihm lassen sich ebenso schnell und einfach vegetarische und vegane Gerichte zubereiten als auch raffiniertes Raw Food – also Rohkost – und gesunde Gemüsesnacks. Auch wer klassisch kocht, schätzt den Spiralschneider als unkomplizierten Helfer, um originelle Beilagen zu Fisch und Fleisch auf den Teller zu bringen. Und selbst beim Backen erweist er sich als nützlich.

Schnippelst du noch, oder spiralisierst du schon?

Berühmt gemacht haben den Spiralschneider die »Gemüsenudeln«, die, meist aus Zucchini geschnitten, in Pasta-Gerichten als Ersatz für herkömmliche Weizennudeln dienen. Das schmeckt nicht nur frisch, sondern spart auch jede Menge an Kohlenhydraten, die vor allem abends den Stoffwechsel unnötig belasten und Abnehmpläne durchkreuzen. Doch der Spiralschneider kann noch mehr: Im Handumdrehen lassen sich mit ihm Kartoffelnester, Suppeneinlagen, Gemüsewickel, Salatbeilagen oder Gemüselocken herstellen. Das sieht nicht nur richtig gut aus, sondern sorgt auch für mehr Geschmack auf dem Teller. Mit einem Spiralschneider erhöht sich der Gemüseanteil in der täglichen Küche wie von selbst. Und das ohne die sonst so lästige Schnippelarbeit.

Die Rezepte in diesem Buch zeigen die vielfältigen Einsatzmöglichkeiten des Spiralschneiders. Sie sind alltagstauglich, meist schnell zuzubereiten und verzichten weitgehend auf exotische Zutaten. Kommen diese doch einmal vor, werden immer auch »normale« Alternativen vorgestellt, die ebenfalls funktionieren. Frische Küche ist kein Hexenwerk, sondern soll Spaß machen. Viel Vergnügen.

Was man mit dem Spiralschneider alles machen kann:

* vegan und vegetarisch kochen
* Low Carb kochen
* raffiniertes Raw Food zubereiten
* originelle Beilagen zaubern
* gesunde Snacks zubereiten

Welcher Spiralschneider ist der richtige für mich?

Die Vor- und Nachteile gängiger Spiralschneider-Modelle auf einen Blick

Das Prinzip: Im Grunde funktioniert ein Spiralschneider wie ein Bleistiftanspitzer. Man steckt das Gemüse in den Anspitzer (Spiralschneider), dreht daran und schon erhält man die gewünschten Gemüsespäne. Mit glatten Klingen entstehen breitere Streifen, die an Tagliatelle erinnern. Mit geriffelten oder gewellten Klingen erhält man die bekanntere Spaghettiform.

Unterschieden werden zwei Arten von Spiralschneidern: Handschneider und Standgeräte mit Kurbel. Handschneider sind klein und kompakt. Bei ihnen dreht man das Gemüse meist selbst in Form. Während Handschneider problemlos in der Besteckschublade verschwinden, brauchen die Standgeräte einen Platz im Küchenschrank oder im Regal. Dafür sind sie jedoch vielseitiger, arbeiten zuverlässiger und sind insgesamt flexibler.

Die bekanntesten Hersteller von Spiralschneidern sind die Firmen GEFU und Lurch. Beide bieten verschiedene Modelle an. Das perfekte Gerät? Gibt es nicht. Welches das richtige für Sie ist, klärt ein Blick in die Übersicht der Vor- und Nachteile.

Vor- und Nachteile eines Handschneiders

- \+ klein und kompakt. Verschwindet in der Besteckschublade.
- \+ leicht zu reinigen (auch in der Spülmaschine)
- \+ schnell im Einsatz
- \+ etwas günstiger als Standspiralschneider
- – erfordert etwas Kraftaufwand
- – schneidet nur »schlankes« Gemüse

Wichtig: Achten Sie beim Kauf darauf, dass ein Gemüsehalter bei Ihrem Spiralschneider dabei ist. Mit ihm können Sie das Gemüse aufspießen und fast bis zum Ende verarbeiten, sodass es weniger Reste gibt.

Vor- und Nachteile eines Standspiralschneiders

- \+ vielseitig einsetzbar (verschiedene Schnittgrößen und -formen)
- \+ wird auch mit dicken Gemüsesorten fertig (z. B. Kartoffeln)
- \+ ohne großen Kraftaufwand zu handhaben
- \+ auch für größere Mengen geeignet
- – braucht etwas Platz in der Küche
- – die Reinigung ist etwas aufwendiger
- – Gemüse muss ein- und ausgespannt werden
- – etwas teurer

Fazit: Die Produkte der verschiedenen Hersteller kosten zwischen 20 und 50 Euro. Wird er nur selten gebraucht, reicht ein Handspiralschneider vollkommen aus. Wer seine Koch- und Essgewohnheiten dagegen auf Dauer umstellen möchte, sollte über die Anschaffung eines Standspiralschneiders nachdenken. Wie dieser genau funktioniert, zeigt die folgende Schritt-für-Schritt-Anleitung.

Wie funktioniert der Standspiralschneider?

1. Stellen Sie den Spiralschneider auf eine glatte Arbeitsfläche (Holz, Stein, Glas).
2. Messereinsatz auswählen und in die Führung einsetzen.
3. Mit dem Messer wird das Gemüse so angeschnitten, dass eine gerade Fläche entsteht.
4. Gemüse mit der geraden Fläche am Gemüsehalter befestigen und anschließend am Messereinsatz fixieren. Im Uhrzeigersinn kurbeln. Dabei das Gemüse leicht Richtung Messereinsatz drücken, damit die Spirale nicht reißt.

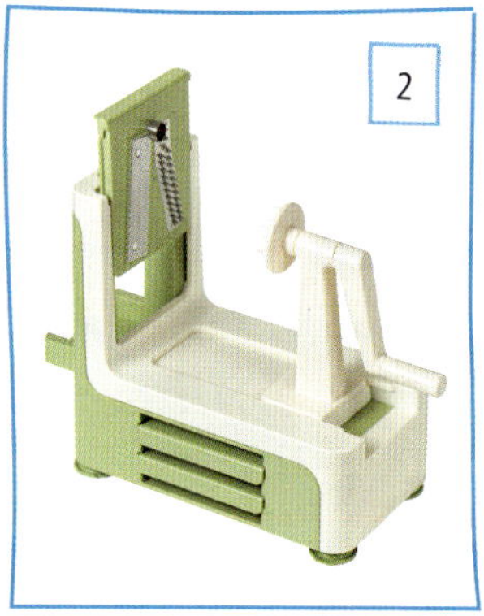

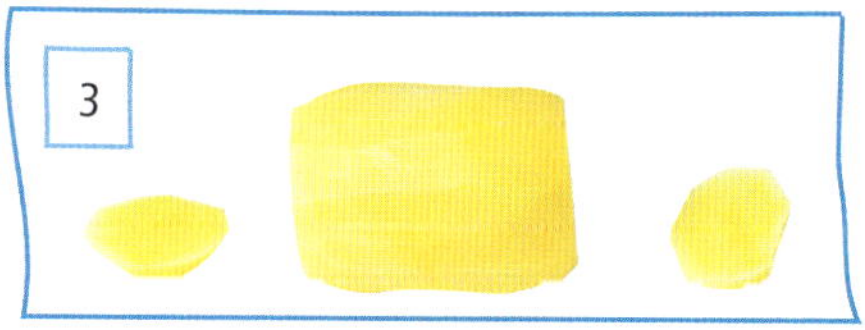

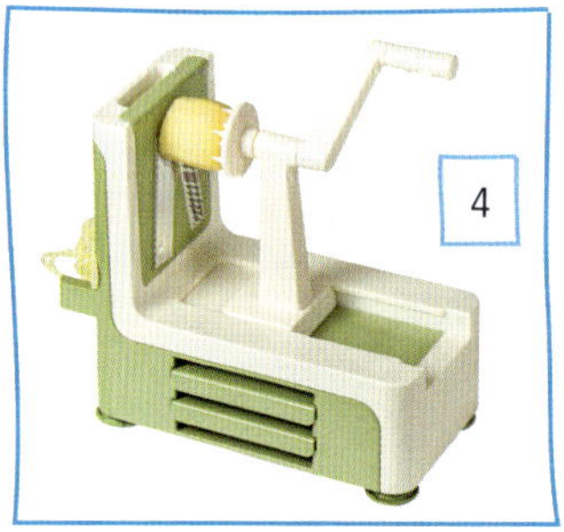

Für welche Gemüse- und Obstsorten eignet sich der Spiralschneider besonders gut?

Rote Bete

Kohlrabi

Apfel

Birne

Zwiebeln

Paprika

Kürbis

Die Schnittformen

Streifen

Die Streifen eignen sich z. B. als Spaghetti, Tagliatelle, Gemüsenester, Gemüsewickel, Suppen- und Salateinlagen.

Spiralen (für Locken)

Die Spiralen sind gut für Salate, Chips, Gratins oder Suppen.

Fünf Dinge, die Sie über spiralisiertes Obst und Gemüse wissen müssen

1. Erwarten Sie von Gemüsenudeln keinen Pastageschmack. Auch wenn die Gemüsenudeln so genannt werden, sind sie nur der Form nach Nudeln. Sie haben weder den typischen Biss noch den milden Geschmack nach Weizen. Die Enttäuschung im ersten Moment hat vielen schon die Lust an den Gemüsenudeln genommen.
2. Zucchini sind der beste Nudelersatz. Sie haben nur einen dezenten Eigengeschmack und nehmen das Aroma anderer Zutaten besonders stark auf. Die Zoodles oder Zughetti, wie sie genannt werden, verleihen dem Gericht lediglich eine frische und leichte Note. Sobald Sie auf anderes Gemüse, etwa auf Kohlrabi oder Karotten, ausweichen, sollte das Rezept speziell auf die Gemüseart abgestimmt sein. Sonst schmeckt's am Ende komisch.
3. Nach dem Schneiden sollten Sie die Spiralen salzen und eine Zeit lang beiseitestellen. Das Salz zieht Wasser aus den Spiralen, die sich so leichter verarbeiten lassen und z. B. kaum Flüssigkeit an die Sauce abgeben. Wer die Spiralen gleich verwenden möchte, kann sie erst in ein Küchentuch einwickeln und vorsichtig auspressen. Auch so bekommt man Flüssigkeit aus dem Gemüse. Die Spiralen können auch wie richtige Nudeln gekocht werden. Allerdings kann das Gemüse schnell matschig werden oder gar zerfallen. Besser ist es, man gibt die Spiralen in ein Sieb und übergießt sie mit kochendem Wasser. Noch ein Tipp: Kochen Sie Ihre Saucen stark ein und nutzen Sie das Wasser im Gemüse, um die Sauce wieder sämig zu bekommen.
4. Festes Gemüse mit wenig Wasser – wie Karotten, Butternusskürbis oder Süßkartoffel – eignet sich auch für Gemüsereis, der im Ofen gebacken oder in der Pfanne gedünstet wird. Dafür gibt man die Spiralen einfach in einen Zerkleinerer und schreddert sie kurz durch.

5. Reinigen Sie Ihren Spiralschneider unmittelbar nach Gebrauch. Haben Obst- und Gemüsereste Zeit, am Gerät festzutrocknen, wird die Reinigung mühsam. Am besten und schnellsten wird der Spiralschneider mit einer Küchenbürste sauber.

Die Grundlagen der Low-Carb-Ernährung

Was ist Low Carb? Low Carb ist keine Diät, sondern ein Ernährungsprinzip, das sich bestimmte Stoffwechselprozesse zunutze macht, um überflüssiges Fett loszuwerden, ohne dabei zu hungern. Wichtig: Low Carb ist nicht gleich No Carb. Wir brauchen Kohlenhydrate als Energielieferanten für unseren Körper. Gehirn, Muskeln und Nerven funktionieren beispielsweise bei Kohlenhydratmangel nicht mehr so gut.

Was sind Kohlenhydrate? Kohlenhydrate bestehen aus Zuckermolekülen (den sogenannten Sacchariden). Diese Moleküle setzen sich aus unterschiedlich vielen Bausteinen zusammen. Es gibt Einfachzucker wie die Fructose, die in Obst vorkommt, Zweifachzucker (z. B. Milchzucker oder in Schokolade) und Mehrfachzucker (z. B. in Getreide, Hülsenfrüchten, Kartoffeln). Je komplexer ein Zuckermolekül aufgebaut ist, desto länger braucht der Körper, um es aufzuspalten. Und je länger unser Körper dafür braucht, desto länger ist er satt. Einfachzucker, die schnell verdaut werden, lassen auch schnell wieder Hunger aufkommen. Kohlenhydrate, die wir aktuell nicht verbrauchen (z. B. durch Sport), werden zu Fett umgewandelt und im Körper angelagert.

Was passiert bei der Low-Carb-Ernährung? Gibt es in der Nahrung zu wenig Kohlenhydrate, versucht der Körper, diesen Mangel auszugleichen. Und dafür hat er einen Plan B, die sogenannte Ketose. Bei der Ketose werden Kohlenhydrate aus den zuvor genau dafür angelegten körpereigenen Fettreserven gewonnen. Es geht den Pölsterchen an Bauch und Hüfte also an den Kragen.

Warum ist das Low-Carb-Abendessen so wichtig? Weil dadurch in der Nacht die Fettverbrennung besser und länger aktiviert wird.

Wie viele Kohlenhydrate darf man essen? Als Faustregeln gelten:
Ab 300 g KH pro Tag: Sie nehmen garantiert und kontinuierlich zu.

150–300 g KH pro Tag: Sie werden nach und nach dicker. Zwar sehr langsam, aber in der Summe spürbar.

120–150 g KH pro Tag: Sie halten (mit etwas Sport) Ihr Gewicht ohne Probleme.

50–120 g KH pro Tag: Ab hier herrscht Kohlenhydratmangel. Ihr Körper stellt auf die Verbrennung von Körperfett (Ketose) um. Sie nehmen ab, sollten aber – sobald Ihr Idealgewicht erreicht ist – wieder mehr Kohlenhydrate essen.

Weniger als 50 g Kohlenhydrate pro Tag: Das geschieht beispielsweise beim Fasten. Über einen längeren Zeitraum ist diese Form der Ernährung nicht ratsam und sollte nur bei entsprechender sorgfältiger Anleitung durchgeführt werden.

Was man sonst noch beachten muss: Trinken Sie ausreichend (2 Liter Wasser am Tag). Essen Sie gesunde Fette und Proteine, um länger satt zu bleiben – beides jedoch in Maßen. Schlafen Sie mehr. Wer viel schläft, hat nachweislich weniger Hunger.

Bei den Rezepten finden Sie immer Nährwertangaben. Kcal steht für Kalorien, KH für Kohlenhydrate, E für Eiweiß und F für Fett.

Salate

Wintersalat mit Kohlrabistreifen, Thunfisch, Ziegenkäse und Granatapfel

Ergibt: 2 Portionen * Zubereitung: 25 Min.

Nährwerte (pro Portion): 459 kcal, KH: 12 g, E: 40 g, F: 25 g

Einkaufsliste:

2 EL Honig
2 EL Rotweinessig
3 EL Olivenöl
1 EL Senf
Salz
Pfeffer
1 mittelgroßer Kohlrabi
½ Bund Rucola
60 g Ziegenkäse
½ Granatapfel
2 kleine Thunfischsteaks (ca. 100 g)
Öl zum Anbraten
2 EL gehackte Walnüsse

So wird's gemacht:

1. Honig, Essig, Öl und Senf zu einem Dressing verrühren. Mit Salz und Pfeffer abschmecken.
2. Kohlrabi schälen und mit dem Spiralschneider in Spaghettiform schneiden.
3. Rucola waschen und trocken schütteln. Die Spaghetti und den Rucola mit dem Dressing vermischen und auf Teller anrichten.
4. Den Ziegenkäse zerbröseln. Granatapfel halbieren, mit einem Löffel auf die Schale klopfen, sodass die Kerne herausfallen. Granatapfelkerne mit dem Ziegenkäse und den Walnüssen auf den Salat geben.
5. Thunfischsteaks in einer Pfanne mit etwas Öl beidseitig anbraten. Auf den Salat geben und servieren.

Rote-Bete-Salat mit geräucherter Forelle

Ergibt: 4 Portionen * Zubereitung: 45 Min.
Nährwerte (pro Portion): 230 kcal, KH: 19 g, E: 19 g, F: 8 g

Einkaufsliste:
20 g Ingwer
1 Orange
4 EL Obstessig
1 EL Honig
2 EL Walnussöl
Salz
Pfeffer
600 g Rote Bete
200 g Romanasalat
2 Lauchzwiebeln
4 geräucherte Forellenfilets

So wird's gemacht:

1. Den Ingwer schälen und fein hacken.
2. Die Orange auspressen und den Saft mit Ingwer, Essig und Honig verrühren. Tröpfchenweise Öl hinzugeben, gut verrühren. Mit Salz und Pfeffer abschmecken.
3. Die Rote Bete schälen, mit dem Spiralschneider in Spaghettiform schneiden und mit dem Dressing vermischen (4 EL Dressing aufheben).
4. Den Romanasalat waschen, trocken schütteln und in mundgerechte Stücke zupfen.
5. Lauchzwiebeln putzen, waschen und in dünne Scheiben schneiden.
6. Salat zuunterst auf Teller anrichten. Die marinierten Rote-Bete-Spaghetti auf den Salat legen. Dazu das Forellenfilet (ganz oder in Stücken) anrichten.
7. Die Lauchzwiebeln und jeweils 1 EL Dressing über den Salat geben. Servieren.

Power-Salat mit Quinoa und knusprigen Kichererbsen

Ergibt: 4 Portionen * Zubereitung: 60 Min.
Nährwerte (pro Portion): 249 kcal, KH: 28 g, E: 7 g, F: 11 g

Einkaufsliste:
100 g Kichererbsen
Olivenöl
Salz
Chilipulver
100 g Quinoa
1 rote Paprika
1 große Karotte
1 gelbe Rübe
1 Brokkolistängel (oder ein Kohlrabi)
1 Zitrone
1 TL Mandelbutter
1 TL Reisessig (oder Weißweinessig)
1 TL Misopaste
Ingwerpulver
Pfeffer

So wird's gemacht:

1. Den Ofen vorheizen (200 °C). Die Kichererbsen waschen, in einem Sieb abtropfen lassen und mit einem Küchenpapier trocken tupfen. In eine Schüssel geben und gut mit 2 EL Olivenöl vermischen. Auf ein Backblech mit Backpapier geben und in etwa 40–45 Min. im Ofen knusprig backen. Anschließend mit Salz und Chili würzen.
2. Quinoa in ein Sieb geben und unter fließendem Wasser abspülen. 200 ml Wasser in einen Topf geben und zum Kochen bringen. Quinoa etwa 10 Min. darin köcheln lassen. Topf vom Herd nehmen und Quinoa weitere 10 Min. quellen lassen. Anschließend etwas Olivenöl untermischen und salzen.
3. Die Paprika, die Karotte, die Rübe und den Brokkolistängel putzen, waschen und mit dem Spiralschneider in Spaghettiform schneiden. Gemüse in eine Schüssel geben.
4. Die Zitrone auspressen und mit der Mandelbutter, dem Reisessig, der Misopaste und etwas Ingwerpulver zu einem Dressing vermischen.
5. Das Dressing über die Gemüsespaghetti geben und gut vermengen.
6. Quinoa hinzugeben und ebenfalls gut unterrühren.
7. Salat mit den Kichererbsen bestreuen und in der Schüssel servieren.

Am besten bereitet man gleich eine ganze Dose dieser knusprigen Kichererbsen zu, wenn der Ofen schon mal an ist. Die gebackenen Erbsen eignen sich auch als gesunder Snack für den TV-Abend.

Mandelbutter lässt sich sehr leicht selbst herstellen. Die Mandeln über Nacht in Wasser einweichen. Am nächsten Tag mit einem Mixer zerhacken. Dabei ist Geduld gefragt: Nach einer Viertelstunde entsteht endlich ein Brei. Weitermixen, bis die Konsistenz cremig genug ist.

Buchweizensalat mit Karotten, Orangen und Granatapfel

Ergibt: 4 Portionen * Zubereitung: 10 Min.

Nährwerte (pro Portion): 276 kcal, KH: 58 g, E: 10 g, F: 2 g

Einkaufsliste:

150 g Buchweizen
2 Karotten
2 Orangen
1 Granatapfel
1 TL Ras el-Hanout
Olivenöl
Salz
Pfeffer
1 TL Minze
1 TL Petersilie

So wird's gemacht:

1. 300 ml Wasser in einem Topf zum Kochen bringen. Den Buchweizen hineingeben. Kurz aufkochen. Dann bei niedriger Hitze weiterköcheln lassen, bis die ersten Buchweizenkörner aus dem Wasser schauen. Topf vom Herd nehmen und 5–10 Min. ausquellen lassen.
2. Die Karotten putzen, waschen und mit dem Spiralschneider in Spaghettiform schneiden.
3. Die Schale und die weiße Haut der Orangen mit einem Messer entfernen und die Orange quer zu den Orangenspalten in schmale Scheiben schneiden, sodass das Fruchtfleisch sich in Stücken herauslösen lässt.
4. Granatapfel halbieren, mit einem Löffel auf die Schale klopfen, sodass die Kerne herausfallen.
5. Buchweizen in eine Salatschüssel geben. Karotten, Orangen, Granatapfelkerne und Ras el-Hanout hinzugeben. Alles gut vermischen. Ein wenig Olivenöl darüberträufeln. Mit Salz und Pfeffer abschmecken.
6. Petersilie und Minze waschen, trocken schütteln, fein hacken. Den Salat auf Tellern anrichten, mit Minze und Petersilie bestreuen und servieren.

Ras el-Hanout ist eine marokkanische Gewürzmischung, in der Muskat-, Rosen-, Koriander-, Ingwer- und noch viele andere Aromen enthalten sind. Wem dies nicht entspricht, der kann den Salat auch anders würzen. Ein klassisches Currypulver verleiht dem Buchweizensalat ebenfalls eine herrlich pikante Note.

Rettichsalat mit Soja-Honig-Dressing

Ergibt: 2 Portionen * Zubereitung: 5 Min.
Nährwerte (pro Portion): 170 kcal, KH: 12 g, E: 6 g, F: 13 g

Einkaufsliste:

2 Rettiche (rot oder weiß)
Salz
4 EL Sojasauce
1 EL Senf
1 EL Honig
Olivenöl
2–3 EL ganze Hanfsamen

So wird's gemacht:

1. Die Rettiche putzen, waschen und mit dem Spiralschneider in Spaghettiform schneiden. Salzen und beiseitestellen.
2. Sojasauce, Senf und Honig in einer Schüssel zu einem Dressing verrühren. Mit Salz würzen und eventuell einen Schuss Olivenöl dazugeben.
3. Ganze Hanfsamen in einer Pfanne mit etwas Öl rösten, bis die Schalen platzen. Die Hanfsamen sollten nicht braun werden. (Ungeschälte Hanfsamen können gleich in das Dressing gemischt werden.)
4. Rettich auf Teller anrichten und das Dressing mit einem Löffel darübergeben.

Besonders gut eignet sich für diesen Salat der japanische Daikon-Rettich, der milder ist als heimischer Rettich. Der Rettichsalat schmeckt solo oder als Beilage zu gegrilltem Fisch

Beilagen & Snacks

Gemüse-Chips aus dem Ofen

Ergibt: 2 Portionen * Zubereitung: 30–40 Min.
Nährwerte (pro Portion): 470 kcal, KH: 33 g, E: 5 g, F: 34 g

Einkaufsliste:
2 Kartoffeln
2 Karotten
2 Rettiche
2 Rote Bete
ca. 50 ml Olivenöl
1 TL Paprikapulver
1 TL Currypulver
Salz

So wird's gemacht:

1. Gemüse putzen, schälen, waschen und mit dem Spiralschneider in Lockenform schneiden. Locken mit einem Messer in einzelne Chips trennen.
2. Ofen vorheizen (150 °C Umluft).
3. Chips in eine Schüssel geben. Das Öl angießen und alles mit Paprika- und Currypulver sowie Salz würzen und gut vermischen. Die Marinade 10 Min. lang einwirken lassen.
4. Die marinierten Chips auf einem mit Backpapier ausgelegten Backblech möglichst gut verteilen und etwa 30 Min. im Ofen backen. Blech aus dem Ofen ziehen, Chips abkühlen lassen und servieren.

Die Würzmischung der Gemüsechips lässt sich beliebig variieren. Statt mit Paprika und Curry schmecken die Chips auch gut mit fein gehackten Kräutern wie Schnittlauch, Basilikum, Estragon oder Kerbel.

Süßkartoffelsnack

Ergibt: 3–4 Portionen * Zubereitung: 40 Min.
Nährwerte (pro Portion): 375 kcal, KH: 35 g, E: 3 g, F: 23 g

Einkaufsliste:
4 große Süßkartoffeln
2–3 EL Öl
Salz

So wird's gemacht:

1. Ofen vorheizen (250 °C Umluft).
2. Süßkartoffeln schälen, waschen und mit dem Spiralschneider in Spaghettiform schneiden.
3. Süßkartoffeln in eine Schüssel legen, etwas Öl und Salz hinzugeben und mit den Händen einarbeiten
4. Die Süßkartoffelspaghetti möglichst flach auf einem mit Backpapier ausgelegten Backblech verteilen. In den Ofen geben und etwa 20 bis 30 Min. backen.

Mit Ziegenkäse gefüllte Rettichröllchen

Ergibt: ca. 12 Stück * Zubereitung: 15 Min.
Nährwerte (pro Portion): 42 kcal, KH: 2 g, E: 2 g, F: 3 g

Einkaufsliste:
2 Rettiche
Salz
2 TL schwarze Sesamsamen
1 Schalotte
100 g Ziegenfrischkäse
½ TL Wasabi
1 TL Mayonnaise
roter Pfeffer
etwas Zitronensaft
Schnittlauch

So wird's gemacht:

1. Die Rettiche putzen, waschen und mit dem Spiralschneider in Tagliatelleform schneiden. Salzen und beiseitestellen.
2. Sesam in einer Pfanne ohne Öl rösten.
3. Die Schalotte schälen und fein hacken. Mit Ziegenfrischkäse, Sesam, Wasabi und Mayonnaise verrühren. (Bleibt die Frischkäsemasse zu fest, einfach einen Schuss Milch oder Olivenöl hinzugeben.) Mit Salz, Pfeffer und ein paar Spritzern Zitronensaft abschmecken.
4. Die Rettichstreifen mit der Frischkäsefüllung bestreichen. Die Enden freilassen.
5. Schnittlauch waschen und trocken schütteln. Die Rettichstreifen aufrollen, mit einem Schnittlauchhalm festbinden und servieren.

Kartoffelrösti

Ergibt: 6–8 Stück * Zubereitung: 15 Min.
Nährwerte (pro Portion): 78 kcal, KH: 7 g, E: 1 g, F: 5 g

Einkaufsliste:
2 große Kartoffeln (festkochend)
Salz
1 Zwiebel
Öl (z. B. Sonnenblumenöl)

So wird's gemacht:

1. Die Kartoffeln schälen, waschen und mit dem Spiralschneider in Spaghettiform schneiden.
2. Die Spaghetti auf eine Länge von 6–8 cm schneiden, in eine Schüssel geben und salzen.
3. Zwiebel schälen, reiben und mit den Kartoffelspaghetti vermischen.
4. Aus der Kartoffel-Zwiebel-Masse Taler formen und diese in einer Pfanne mit etwas heißem Öl von beiden Seiten anbraten.
5. Rösti mit Salz würzen und servieren.

Wer die Rösti gehaltvoller mag, kann noch ein Eigelb unter die Spaghetti rühren. Die Rösti schmecken zu Kräuterquark, Geschnetzeltem oder Spiegelei.

Kartoffel-Feta-Happen

Ergibt: ca. 15 Stück * Zubereitung: 15 Min.
Nährwerte (pro Portion): 64 kcal, KH: 3 g, E: 5 g, F: 3 g

Einkaufsliste:
2–3 große Kartoffeln (festkochend)
Salz
200 g Feta
Olivenöl

So wird's gemacht:

1. Die Kartoffeln schälen, waschen und mit dem Spiralschneider in Spaghettiform schneiden. Salzen und beiseitestellen.
2. Den Feta in 2–3 cm große Würfel schneiden.
3. Fetawürfel vollständig mit den Kartoffelspaghetti umwickeln. Dabei die Spaghettienden einfädeln, damit der Kartoffelmantel hält.
4. Ein wenig Öl in einer Pfanne erhitzen. Die Kartoffel-Feta-Happen von allen Seiten anbraten, bis der Kartoffelmantel gut gebräunt ist.
5. Happen aus der Pfanne nehmen, auf Küchenpapier abtropfen lassen und servieren.

Zu den Kartoffel-Feta-Happen passt ein kräftiger Riesling. Wer den Snack weniger deftig mag, greift zu einem milden Feta.

Kartoffel-Spinat-Muffins

Ergibt: 6 Portionen * Zubereitung: 45 Min.
Nährwerte (pro Portion): 148 kcal, KH: 5 g, E: 12 g, F: 8 g

Einkaufsliste:

1 Süßkartoffel
50 g Spinat
100 g Gruyère
1 kleine Zwiebel
6 Eier
¼ Tasse fettarme Milch
1 TL Senf
Salz
Pfeffer

So wird's gemacht:

1. Den Ofen vorheizen (200 °C).
2. Ein Muffinblech mit Papierförmchen auslegen.
3. Die Süßkartoffel schälen, waschen und mit dem Spiralschneider in Spiralen schneiden. Diese gleichmäßig in den Muffinförmchen verteilen und 10 Min. im Ofen backen.
4. Den Spinat waschen, trocken schütteln und fein hacken. Den Käse reiben und die Zwiebel schälen und fein hacken. (Beides kann auch spiralisiert werden.)
5. Die Eier mit einem Schneebesen verquirlen und mit Spinat, Milch, Käse, Zwiebel und Senf vermischen. Mit Salz und Pfeffer würzen.
6. Die Masse über die Kartoffeln gießen und Muffins etwa 20–25 Min. im Ofen fertig backen, bis die Eimasse gestockt ist. Warm oder kalt servieren.

Nudelgerichte

Zucchinispaghetti mit Tomate und Räuchertofu

Ergibt: 2 Portionen * Zubereitung: 15 Min.
Nährwerte (pro Portion): 203 kcal, KH: 3 g, E: 6 g, F: 18 g

Einkaufsliste:
4 Zucchini
5 Cocktailtomaten
125 g Räuchertofu
3 EL Pinienkerne
1 kleine Zwiebel
1–2 Knoblauchzehen
2 EL Olivenöl
Pflanzensahne
Salz
Pfeffer

So wird's gemacht:

1. Zucchini putzen, waschen und mit dem Spiralschneider in Spaghettiform schneiden.
2. Tomaten waschen und in kleine Stücke schneiden.
3. Räuchertofu in Würfel schneiden und mit den Pinienkernen in einer Pfanne ohne Öl anbraten, dann beiseitestellen.
4. Zwiebel und Knoblauch schälen, fein hacken und in einer Pfanne mit dem Olivenöl anschwitzen. Die Zucchinispaghetti dazugeben und etwa 5 Min. dünsten. Immer wieder umrühren.
5. Tomaten in die Pfanne geben und 2 Min. mitdünsten. Die Sauce mit einem Schuss Pflanzensahne binden, mit Salz und Pfeffer würzen.
6. Die Pasta auf Tellern anrichten, Pinienkerne und Räuchertofu darübergeben und servieren.

Zucchinipasta alla Carbonara

Ergibt: 4 Portionen * Zubereitung: 25 Min.
Nährwerte (pro Portion): 323 kcal, KH: 6 g, E: 28 g, F: 20 g

Einkaufsliste:
4 große Zucchini
200 g Pancetta
(oder magerer Speck)
2–3 Knoblauchzehen
3 Eier
100 g geriebener Parmesan
Olivenöl
Salz
Pfeffer

So wird's gemacht:

1. Die Zucchini putzen, waschen und mit dem Spiralschneider in Spaghettiform schneiden.
2. Pancetta (oder Speck) klein schneiden, Knoblauch schälen und ebenfalls klein schneiden.
3. Die Eier in einer Schüssel aufschlagen und verrühren. Den Parmesan unterrühren.
4. Pancetta (oder Speck) in einer Pfanne ohne Öl scharf anbraten. Hitze reduzieren, einen Schuss Olivenöl in die Pfanne geben und den Knoblauch kurz darin anschwitzen (ca. 1–2 Min.).
5. Die Zucchinispaghetti mit einem weiteren Schuss Olivenöl in die Pfanne geben. Alles gut verrühren und etwa 5–7 Min. dünsten. Immer wieder umrühren.
6. Die Pfanne vom Herd nehmen und die Ei-Parmesan-Mischung unter die Zucchinipasta rühren.
7. Den Herd ausschalten, Pfanne wieder auf die Platte stellen und die Zucchinipasta unter Rühren etwa 4 Min. erwärmen, sodass die Sauce schön sämig bleibt.

Wer die Sauce kräftiger möchte, schlägt statt der 3 Eier nur 2 Eier mit zusätzlich 2 Eigelben auf.

Kürbisnudeln in Salbeisauce mit Schinken

Ergibt: 4 Portionen * Zubereitung: 30 Min.
Nährwerte (pro Portion): 270 kcal, KH: 9 g, E: 5 g, F: 23 g

Einkaufsliste:

1 Butternusskürbis
4 TL Öl
50 g Butter
6 frische Salbeiblätter
4 Scheiben Parmaschinken
Salz

So wird's gemacht:

1. Ofen vorheizen (250 °C).
2. Kürbis schälen, entkernen, in längliche Stücke schneiden und danach mit dem Spiralschneider in Spaghettiform schneiden.
3. Kürbisnudeln in einer Schüssel mit dem Öl und etwas Salz mischen. Anschließend Nudeln auf einem mit Backpapier ausgelegten Backblech verteilen, für 8–10 Min. in den Ofen geben und dann beiseitestellen.
4. Während die Nudeln im Ofen sind, Butter bei mittlerer Hitze in einer Pfanne zerlassen. Salbeiblätter in die Pfanne geben und unter ständigem Rühren braten, bis sie sich braun zu färben beginnen. Pfanne vom Herd nehmen und die Buttersauce abschöpfen.
5. Schinken klein schneiden und in derselben Pfanne knusprig anbraten.
6. Kürbisnudeln und Buttersauce in die Pfanne zum Schinken geben. Alles gut durchmischen und servieren.

Karamellisierte Karottennudeln mit Feta und Mandeln

Ergibt: 2 Portionen * Zubereitung: 20 Min.
Nährwerte (pro Portion): 245 kcal, KH: 17 g, E: 10 g, F: 15 g

Einkaufsliste:
4–6 Karotten
1 EL Mandelblättchen
2 TL Butter
1 TL Zucker
Salz
1 TL Petersilie
80 g Feta

So wird's gemacht:
1. Karotten putzen, waschen und mit dem Spiralschneider in Spaghettiform schneiden.
2. Mandelblättchen in einer Pfanne ohne Öl goldbraun rösten.
3. Butter in einer Pfanne zerlassen, Zucker hinzugeben und karamellisieren lassen.
4. Die Karottenspaghetti sowie etwas Wasser in die Pfanne geben. Alles gut verrühren, salzen und 5–7 Min. dünsten.
5. In der Zwischenzeit die Petersilie waschen, trocken schütteln und fein hacken.
6. Den Feta zerbröseln, mit der Petersilie in die Pfanne geben und kurz anschmelzen (2–3 Min.).
7. Karottennudeln auf Tellern anrichten, mit den Mandeln bestreuen und servieren.

Currytagliatelle mit Rinderfiletspitzen

Ergibt: 2–3 Portionen * Zubereitung: 20 Min.
Nährwerte (pro Portion): 347 kcal, KH: 12 g, E: 24 g, F: 20 g

Einkaufsliste:
2 Zucchini
Salz
150 g Rinderfiletspitzen
1 EL gelbes Currypulver
Olivenöl
1 Zwiebel
1 Knoblauchzehe
Butter

So wird's gemacht:

1. Zucchini putzen, waschen und mit dem Spiralschneider in Tagliatelleform schneiden. In ein Sieb geben und mit kochendem Wasser übergießen. Salzen und beiseitestellen.
2. Rinderfiletspitzen in mundgerechte Streifen schneiden, mit dem Currypulver in einer Pfanne mit etwas Olivenöl scharf anbraten (etwa 3–4 Min.).
3. Zwiebel und Knoblauch schälen. Zwiebel fein hacken und mit etwas Butter in die Pfanne geben, Knoblauch dazupressen und beides kurz anschwitzen (etwa 2 Min.).
4. Die Zucchinitagliatelle mit 1 EL Butter in die Pfanne geben. Alles vorsichtig verrühren und etwa 5–7 Min. dünsten. Mit Salz abschmecken und servieren.

Scharfe Zucchininudeln aglio olio

Ergibt: 2 Portionen * Zubereitung: 15 Min.
Nährwerte (pro Portion): 209 kcal, KH: 11 g, E: 6 g, F: 17 g

Einkaufsliste:

3–4 Zucchini
3 Knoblauchzehen
3 EL Olivenöl
2 Chilischoten
Salz
Pfeffer
geriebener Parmesan

So wird's gemacht:

1. Die Zucchini putzen, waschen und mit dem Spiralschneider in Spaghettiform schneiden.
2. Knoblauchzehen schälen, Chilischoten waschen, entkernen und beides fein hacken. Öl in einer Pfanne erhitzen und Chili und Knoblauch 2–3 Min. anbraten.
3. Die Zucchinispaghetti in die Pfanne geben, alles gut verrühren, mit Salz und Pfeffer würzen und 5–7 Min. dünsten.
4. Nach Belieben Parmesan über die Nudeln geben, in der Pfanne gut vermischen und Spaghetti servieren.

Zucchininudeln mit Ragù

Ergibt: 4 Portionen * Zubereitung: 3,5 Std.
Nährwerte (pro Portion): 324 kcal, KH: 15 g, E: 28 g, F: 15 g

Einkaufsliste:
1 Karotte
1 Stängel Staudensellerie
1 kleine Zwiebel
150 g Pancetta (oder Speck)
Olivenöl
Butter
300 g Rindfleisch
½ Glas trockener Weißwein (z. B. Pinot Grigio)
250 g passierte Tomaten
½ Tasse Vollmilch
Salz
Pfeffer
4 große Zucchini

So wird's gemacht:

1. Karotte und Staudensellerie putzen und waschen. Zwiebel schälen. Gemüse und Pancetta (Speck) sehr fein hacken. Alles in einer Pfanne mit etwas Olivenöl und 1 TL Butter anschwitzen.
2. Rindfleisch grob in Stücke schneiden, in die Pfanne geben und scharf anbraten.
3. Mit Weißwein ablöschen, einkochen lassen.
4. Tomaten hinzugeben und alles bei niedriger Hitze 3 Std. köcheln lassen. Hin und wieder etwas Flüssigkeit angießen.
5. Die Milch in die Sauce geben und etwa 15 Min. köcheln lassen. Sauce mit Salz und Pfeffer abschmecken.
6. Die Zucchini putzen, waschen und mit dem Spiralschneider in Spaghettiform schneiden. Salzen und etwa 5–7 Min. in einer zweiten Pfanne mit etwas Öl dünsten.
7. Spaghetti auf Tellern anrichten. Ragú darübergeben. Servieren.

Je länger das Ragù vor sich hin köcheln kann, desto besser schmeckt es. Statt mit den groben Rindfleischstücken kann das Gericht auch mit Hackfleisch zubereitet werden. Die Garzeit lässt sich so auf 30–60 Min. verkürzen.

Zucchinipasta mit Shrimps in Weißweinsauce

Ergibt: 2–3 Portionen * Zubereitung: 20 Min.

Nährwerte (pro Portion): 402 kcal, KH: 14 g, E: 19 g, F: 19 g

Einkaufsliste:

3–4 Zucchini
Salz
1 Zwiebel
2–3 Knoblauchzehen
1 Chilischote
Olivenöl
100 g Shrimps
250 ml Weißwein (z. B. Bianco di Custoza)
1 TL Petersilie
Butter
Pfeffer

So wird's gemacht:

1. Zucchini putzen, waschen und mit dem Spiralschneider in Spaghettiform schneiden. Salzen und beiseitestellen.
2. Zwiebel und Knoblauch schälen und fein hacken. Chilischote waschen, entkernen und fein hacken. Zwiebel, Knoblauch und Chili in einer Pfanne mit etwas Öl kurz anschwitzen.
3. Die Shrimps hinzugeben und kräftig anbraten (ca. 3–4 Min.).
4. Mit dem Weißwein ablöschen, bei mittlerer Hitze einkochen lassen.
5. Die Zucchinispaghetti in die Pfanne geben, gut verrühren und etwa 5–7 Min. dünsten.
6. Petersilie waschen, trocken schütteln, fein hacken und mit einigen Butterflocken zu den Spaghetti geben. Gut vermischen. Mit Salz und Pfeffer ab-

Steckrübennudeln mit Sesam-Chili-Sauce

Ergibt: 2 Portionen * Zubereitung: 15 Min.
Nährwerte (pro Portion): 115 kcal, KH: 10 g, E: 4 g, F: 6 g

Einkaufsliste:
2–3 Steckrüben
2 Chilischoten
3 TL Tahini (Sesampaste)
1 TL Honig
1 TL Zitronensaft
Salz
Pfeffer
1 Knoblauchzehe
Olivenöl

So wird's gemacht:

1. Die Steckrüben putzen, waschen und mit dem Spiralschneider in Spaghettiform schneiden.
2. Die Chilischoten waschen, entkernen und fein hacken.
3. Die Sesampaste in einer Schüssel mit etwas Wasser verdünnen, Honig und Zitronensaft hinzugeben und gut verrühren. Mit Salz und Pfeffer abschmecken.
4. Knoblauch schälen. Etwas Öl in einer Pfanne erhitzen, die Steckrübennudeln hineingeben, Knoblauch pressen und mit den Chilistückchen in die Pfanne geben. 3–4 Min. dünsten.
5. Die Sesamsauce zu den Steckrübennudeln in die Pfanne geben. Alles gut verrühren und servieren.

Als Topping eignen sich geröstete Sesamsamen. Wer die Sauce sämiger mag, kann etwas Sahne dazugeben.

Getrüffelte Zucchininudeln

Ergibt: 2 Portionen * Zubereitung: 10 Min.
Nährwerte (pro Portion): 328 kcal, KH: 14 g, E: 7 g, F: 26 g

Einkaufsliste:

2 Zucchini
Salz
4 getrocknete Tomaten
1 Zwiebel
1 Knoblauchzehe
Olivenöl
1–2 EL Trüffelöl
geriebener Parmesan

So wird's gemacht:

1. Zucchini putzen, waschen und mit dem Spiralschneider in Spaghettiform schneiden. Salzen und beiseitestellen.
2. Die getrockneten Tomaten in kleine Stücke schneiden. Die Zwiebel schälen und fein hacken. Knoblauch schälen und pressen.
3. Tomaten, Zwiebel und Knoblauch in einer Pfanne mit etwas Olivenöl anschwitzen (ca. 2–3 Min.).
4. Die Zucchininudeln in die Pfanne geben und mitdünsten (ca. 5 Min.). Mit Salz abschmecken.
5. Die Pfanne vom Herd nehmen. Die Zucchininudeln mit dem Trüffelöl aromatisieren. Vorsichtig umrühren.
6. Die Nudeln auf Tellern anrichten und nach Belieben mit Parmesan bestreuen. Servieren.

Thainudeln mit Hähnchen

Ergibt: 4 Portionen * Zubereitung: 15 Min.
Nährwerte (pro Portion): 261 kcal, KH: 8g, E: 29g, F: 11g

Einkaufsliste:
1 Zucchini
1 Karotte
Salz
1 rote Paprika
2 EL Petersilie
2 Hähnchenbrustfilets
Öl
2 EL Bambussprossen
1 EL Butter
1 Limette
4 TL Erdnussmus
4 TL Kokosmilch
1 Knoblauchzehe
Pfeffer (oder Chilipulver)
2 EL Sesamsamen

So wird's gemacht:

1. Die Zucchini und die Karotte putzen, waschen und mit dem Spiralschneider in Spaghettiform schneiden. Salzen und beiseitestellen.
2. Die Paprika putzen, waschen und in schmale Stifte schneiden.
3. Petersilie waschen, trocken schütteln, hacken und beiseitestellen.
4. Die Hähnchenbrustfilets in grobe Würfel schneiden, salzen und in einer Pfanne mit etwas Öl anbraten (etwa 5 Min.).
5. Die Zucchini- und Karottennudeln, die Paprika und die Bambussprossen mit der Butter in die Pfanne geben, umrühren und etwa 5 Min. dünsten.
6. Die Limette auspressen. Den Saft mit dem Erdnussmus und der Kokosmilch in einer Schüssel verrühren. Knoblauchzehe schälen und in die Schüssel pressen, gut verrühren. Vorsichtig mit Salz abschmecken.
7. Die Erdnusssauce kurz in die Pfanne geben (ca. 2 Min.). Alles gut vermischen. Mit Salz und Pfeffer (oder Chilipulver) abschmecken.
8. Die Nudeln in eine Schüssel geben, mit Sesam und Petersilie bestreuen und servieren.

Karottennudeln mit Tomatencurry

Ergibt: 2 Portionen ∗ Zubereitung: 10 Min.
Nährwerte (pro Portion): 145 kcal, KH: 16 g, E: 3 g, F: 8 g

Einkaufsliste:

3 große Karotten (ca. 200 g)
Salz
1 kleine Zwiebel
2 Knoblauchzehen
2 TL Currypulver
Olivenöl
150 ml passierte Tomaten

So wird's gemacht:

1. Karotten putzen, waschen und mit dem Spiralschneider in Spaghettiform schneiden. Salzen und beiseitestellen.
2. Zwiebel und Knoblauch schälen und fein hacken. Mit dem Curry in einer Pfanne mit etwas Olivenöl scharf anbraten (etwa 2–3 Min.).
3. Die Karotten in die Pfanne geben, gut verrühren und kurz mitbraten (etwa 2–3 Min.).
4. Die passierten Tomaten in die Pfanne geben. Das Ganze 5 Min. köcheln lassen. Mit Salz abschmecken und servieren.

Kohlrabinudeln in Zitronensauce

Ergibt: 2 Portionen * Zubereitung: 15 Min.
Nährwerte (pro Portion): 318 kcal, KH: 15 g, E: 6 g, F: 25 g

Einkaufsliste:
1 kleiner Kohlrabi
Salz
1 kleine Zwiebel
1 Knoblauchzehe
Olivenöl
1 Zitrone
200 ml Sahne
Pfeffer
geriebener Parmesan

So wird's gemacht:

1. Den Kohlrabi schälen und mit dem Spiralschneider in Spaghettiform schneiden. Salzen und beiseitestellen.
2. Zwiebel und Knoblauch schälen, fein hacken und in einer Pfanne mit etwas Olivenöl anschwitzen.
3. Zitrone waschen, etwas Schale abreiben, dann die Frucht auspressen. Zitronensaft und Sahne in die Pfanne geben. Sauce mit geriebener Zitronenschale abschmecken und 8–10 Min. einkochen lassen.
4. Die Kohlrabinudeln in die Pfanne geben und 2–3 Min. garen, mit Pfeffer und Parmesan abschmecken und servieren.

Suppen

Wintersuppe mit Wurst, Spinat und Karottennudeln

Ergibt: 4 Portionen * Zubereitung: 20 Min.

Nährwerte (pro Portion): 468 kcal, KH: 12 g, E: 21 g, F: 38 g

Einkaufsliste:

2 Handvoll Spinat
3 Karotten
Olivenöl
3 Grillwürste
1 Zwiebel
2–3 Knoblauchzehen
Butter
1,5 l Hühnerbrühe
1 TL Oregano
Salz
roter Pfeffer

So wird's gemacht:

1. Den Spinat waschen und abtropfen lassen. Große Blätter klein zupfen und harte Stiele entfernen.
2. Karotten putzen, waschen und mit dem Spiralschneider in Spaghettiform schneiden.
3. Einen großen Suppentopf auf den Herd stellen, etwas Olivenöl hineingeben und erhitzen.
4. Die Haut der Grillwürste an einem Ende aufschneiden und das Brät so in das heiße Öl drücken, dass sich kleine Wurstklöße ergeben. Diese von allen Seiten gut anbraten (etwa 7–10 Min.).
5. Zwiebel und Knoblauch schälen und fein hacken. In den Topf geben und kurz anschwitzen (etwa 2 Min.).
6. Nun den Spinat mit etwas Butter in den Topf geben. Alles gut verrühren und 2–3 Min. dünsten.
7. Hühnerbrühe und Oregano in den Topf geben und Suppe zum Kochen bringen.
8. Die Karottenspaghetti in die kochende Brühe geben. Hitze etwas reduzieren und Nudeln 5–7 Min. ziehen lassen. Dabei gelegentlich umrühren.
9. Suppe mit Salz und rotem Pfeffer abschmecken und servieren.

Wer die Suppe noch etwas würziger haben möchte, kann statt Spinat einfach Grünkohl verwenden. Als Topping eignet sich frisch geriebener Parmesan.

Zitronen-Hühner-Suppe

Ergibt: 6 Portionen * Zubereitung: 20 Min.
Nährwerte (pro Portion): 196 kcal, KH: 11 g, E: 22 g, F: 6 g

Einkaufsliste:

400 g Hähnchenbrustfilets
3 Zucchini
Salz
3 Zwiebeln
3 Knoblauchzehen
2 Karotten
2 Handvoll Grünkohl
Olivenöl
2 l Hühnerbrühe
2 Zweige frischer Rosmarin
1 Zitrone
Pfeffer

So wird's gemacht:

1. Hähnchenfleisch in Stücke schneiden. Die Zucchini putzen, waschen und mit dem Spiralschneider in Spaghettiform schneiden. Beides salzen und beiseitestellen.
2. Zwiebeln und Knoblauch schälen und fein hacken. Die Karotten putzen, waschen und in daumennagelgroße Stücke schneiden.
3. Den Grünkohl waschen, abtropfen lassen, Stiele entfernen und Blätter klein zupfen.
4. In einem Suppentopf etwas Olivenöl erhitzen. Zwiebeln, Knoblauch und Karotten kurz anschwitzen (etwa 2–3 Min.), ohne dass das Gemüse sich braun färbt.
5. 1 l Hühnerbrühe angießen. Das Hähnchenfleisch hinzugeben und 10 Min. köcheln lassen.
6. Noch 1 l Hühnerbrühe angießen. Suppe aufkochen. Grünkohl und Rosmarin hinzugeben und 3–4 Min. kochen.
7. Hitze reduzieren. Die Zucchinispaghetti in die Suppe geben und etwa 7 Min. ziehen lassen.
8. Rosmarinzweige entfernen.
9. Zitrone auspressen. Die Suppe mit dem Zitronensaft sowie Salz und Pfeffer abschmecken und servieren.

Kalte Joghurtsuppe mit Radieschenlocken

Ergibt: 2 Portionen * Zubereitung: 20 Min.
Nährwerte (pro Portion): 334 kcal, KH: 14 g, E: 8 g, F: 26 g

Einkaufsliste:
1 Zitrone
200 g Naturjoghurt
100 g Crème fraîche
2 EL Olivenöl
1 Bund Radieschen
1 EL Weißweinessig
Salz
Zucker
weißer Pfeffer
1 EL Kresse
Cayennepfeffer

So wird's gemacht:

1. Die Zitrone auspressen. Den Saft mit Joghurt, Crème fraîche und 1 EL Olivenöl verrühren. Masse mit einem Mixer schaumig schlagen und kalt stellen.
2. Radieschen putzen, waschen und mit dem Spiralschneider in Locken schneiden. Locken in eine Schüssel geben und
3. mit Weißweinessig und 1 EL Olivenöl vermischen. Mit Salz, Zucker und weißem Pfeffer abschmecken.
4. Kresse abschneiden, waschen, mit einem Küchenpapier trocken tupfen und beiseitelegen.
5. Die Joghurtsuppe aus der Kühlung nehmen und noch einmal kurz aufschlagen. Mit Salz und Cayennepfeffer abschmecken und in tiefe Teller geben.
6. Radieschenlocken in der Mitte der Teller anrichten. Mit Kresse garnieren und servieren.

Ramen mit Zucchininudeln

Ergibt: 4 Portionen * Zubereitung: 10 Min.
Nährwerte (pro Portion): 264 kcal, KH: 15 g, E: 22 g, F: 12 g

Einkaufsliste:
4 kleine Zucchini
Salz
4 Eier
1 l Hühnerbrühe
100 g Enoki-Pilze (alternativ Champignons)
4 Schalotten
2 TL frischer Ingwer
50 g Misopaste (weiß)
1–2 EL Gochujang (alternativ Chilipaste)
2 TL Sesampaste (aus gerösteten Samen)
2 TL Knoblauchpaste
2 TL Sherryessig (alternativ Rotweinessig)
2 Baby-Pak-Choi

So wird's gemacht:

1. Die Zucchini putzen, waschen und mit dem Spiralschneider in Spaghettiform schneiden. Salzen und beiseitestellen.
2. Die Eier in einen Topf mit kochendem Wasser geben und 5,5 Min. kochen, sodass das Eigelb schön cremig bleibt. Abkühlen lassen, schälen, halbieren und beiseitelegen.
3. Die Hühnerbrühe aufkochen und beiseitestellen.
4. Die Pilze putzen und in kleine Stücke schneiden. Die Schalotten schälen und fein hacken. Ingwer schälen und reiben. Alles beiseitestellen.
5. In einem großen Suppentopf Misopaste, Gochujang, Sesampaste, Ingwer, Knoblauchpaste und Sherryessig mit einem Schneebesen gut verrühren. Eventuell etwas Hühnerbrühe zugeben, wenn die Masse zu fest ist. Dann die restliche Hühnerbrühe in den Topf füllen und aufkochen lassen. Danach die Hitze reduzieren.
6. Die Pak-Chois putzen, vierteln, waschen, trocken schütteln und 2 Min. im Topf mitgaren. Dann die Zucchininudeln in die Brühe geben und 1–2 Min. garen.
7. Die Suppe in 4 Schalen füllen und jeweils 2 Eihälften in die Suppe legen. Mit den Schalotten und Pilzen bestreuen und servieren.

Wenn Sie statt der Enoki-Pilze normale Champignons verwenden, müssen Sie diese zuvor in einer Pfanne mit etwas Öl andünsten.

Gemüse-Bohnen-Suppe mit Kürbisnudeln

Ergibt: 2 Portionen * Zubereitung: 30 Min.

Nährwerte (pro Portion): 188 kcal, KH: 12 g, E: 6 g, F: 12 g

Einkaufsliste:

1 zucchinigroßes Stück Butternusskürbis (ohne Schale und Kerne)
1 Stängel Sellerie
¼ rote Zwiebel
2 Knoblauchzehen
1 Karotte
2 EL Olivenöl
¼ TL Paprikapulver
1 TL getrockneter Oregano
1 TL getrockneter Thymian
500 ml Gemüsebrühe
½ TL Petersilie
8 Blätter Mangold
100 g eingelegte Butterbohnen (alternativ große weiße Bohnen)
Salz
Pfeffer
geriebener Parmesan

So wird's gemacht:

1. Den Butternusskürbis mit dem Spiralschneider in Spaghettiform schneiden.
2. Sellerie waschen und in kleine Stücke schneiden. Zwiebel und Knoblauch schälen und fein hacken. Die Karotte putzen, waschen und in Stücke schneiden.
3. Olivenöl in einen Suppentopf geben und erhitzen. Knoblauch hinzufügen und kurz anschwitzen (etwa 1–2 Min.). Anschließend den Sellerie, die Zwiebeln und die Karotten hinzugeben. Mit Paprika, Oregano und Thymian würzen. Etwa 5–6 Min. dünsten, dabei gelegentlich umrühren.
4. Die Gemüsebrühe in den Topf geben und aufkochen. Sobald die Brühe kocht, die Hitze reduzieren und die Kürbisnudeln in den Topf geben. 8–10 Min. garen.
5. Währenddessen Petersilie waschen, trocken schütteln, fein hacken und beiseitestellen.
6. Mangold waschen, trocken schütteln und die harten Stielenden entfernen. In Streifen schneiden. Bohnen durch ein Sieb abgießen und mit Wasser abspülen. Mangold und Bohnen in die Suppe geben, 2 Min. köcheln lassen. Mit Salz und Pfeffer abschmecken.
7. Suppe mit Petersilie und Parmesan bestreuen und servieren.

Fisch

Garnelen im Kartoffelmantel

Ergibt: 2 Portionen * Zubereitung: 10 Min.
Nährwerte (pro Portion): 331 kcal, KH: 15 g, E: 27 g, F: 17 g

Einkaufsliste:
8 Garnelen
Salz
2 mittelgroße Kartoffeln (festkochend)
Öl zum Frittieren

So wird's gemacht:

1. Garnelen putzen, schälen (den Schwanz dranlassen) und salzen.
2. Kartoffeln schälen, waschen und mit dem Spiralschneider in Spaghettiform schneiden.
3. Garnelen mit den Kartoffelspaghetti umwickeln (2–3 Lagen). Dabei die Spaghettienden einfädeln, damit der Kartoffelmantel hält. Der Garnelenschwanz sollte noch herausschauen.
4. Ausreichend Öl in einer Pfanne erhitzen.
5. Die Garnelen im Kartoffelmantel von beiden Seiten anbraten, bis die Kartoffeln braun sind (etwa 10 Min.). Dann aus der Pfanne nehmen, kurz auf einem Küchenpapier abtropfen lassen und servieren.

Garnelen im Kartoffelmantel eignen sich hervorragend als Partysnack (z. B. mit Aioli) oder als leckere Zugabe zu einem grünen Salat.

Rösti-Lachs-Burger mit zweierlei Saucen

Ergibt: 4 Portionen * Zubereitung: 10 Min.
Nährwerte (pro Portion): 329 kcal, KH: 30 g, E: 17 g, F: 13 g

Einkaufsliste:
1 EL Petersilie
150 g Crème fraîche
Zitronensaft
Salz
Pfeffer
1 TL Dill
2 TL Honig
3 TL Senf
Zucker
400 g Kartoffeln (festkochend)
1 schwarzer Rettich
Butter
4 Scheiben Räucherlachs
1/2 rote Zwiebel

So wird's gemacht:

1. Petersilie waschen, trocken schütteln und fein hacken. Mit der Crème fraîche und 1 TL Zitronensaft verrühren. Mit Salz und Pfeffer abschmecken. Crème- fraîche-Sauce beiseitestellen.
2. Dill waschen, trocken schütteln und fein hacken. Mit Honig, Senf und einigen Spritzern Zitronensaft vermischen. Mit Salz und etwas Zucker abschmecken. Honig-Senf-Sauce beiseitestellen.
3. Kartoffeln schälen, waschen, mit dem Spiralschneider in Spaghettiform schneiden und salzen.
4. Rettich schälen, waschen, mit dem Spiralschneider in Spaghettiform schneiden und salzen.
5. Kartoffelspaghetti zu 8 runden Nestern formen und mit einem Löffel plattdrücken. Etwas Butter in einer Pfanne erhitzen und die Röstitaler von beiden Seiten goldbraun braten.
6. Jeweils 1 Röstitaler auf einen Teller legen und mit der Crème-fraîche-Sauce bestreichen. Dann die Rettichspaghetti und den Lachs darauflegen. Den Lachs mit der Honig-Senf-Sauce bestreichen. Rote Zwiebelringe auf den Lachs legen. Das Ganze mit einem Röstitaler abschließen und servieren.

Teriyaki-Lachs mit Rettich-Sesam-Nudeln

Ergibt: 2 Portionen * Zubereitung: 15 Min.
Nährwerte (pro Portion): 353 kcal, KH: 6 g, E: 40 g, F: 8 g

Einkaufsliste:
1 TL Zucker
1 EL Sake
1 EL Mirin (jap. Reiswein)
2 EL Sojasauce
Sesamöl
2 Lachssteaks (à 200 g)
1 weißer Rettich
1 EL schwarze Sesamsamen
Öl

So wird's gemacht:

1. Zucker, Sake, Mirin, Sojasauce und 1 TL Sesamöl in einem tiefen Teller gut verrühren.
2. Die Lachsteaks in den Teller legen und mindestens 10 Min. marinieren, dabei mehrmals wenden.
3. Den Rettich schälen, waschen und mit einem Spiralschneider in Spaghettiform schneiden.
4. Die Sesamsamen in einer Pfanne ohne Öl rösten (etwa 2–3 Min.). Die Rettichspaghetti mit einem Schuss Sesamöl in die Pfanne geben und mit dem Sesam vermischen. Beiseitestellen und abkühlen lassen.
5. Den Lachs gut abtropfen lassen (Marinade aufbewahren) und in einer Pfanne mit Öl von beiden Seiten scharf anbraten (etwa 2–4 Min.). Hitze reduzieren, die Marinade in die Pfanne geben und den Fisch 5 Min. darin ziehen lassen.
6. Lachs mit den Rettich-Sesam-Nudeln auf Tellern anrichten und servieren.

Falsche Fischstäbchen

Ergibt: 12–15 Stück * Zubereitung: 15 Min.
Nährwerte (pro Portion): 94 kcal, KH: 2 g, E: 1 g, F: 9 g

Einkaufsliste:
3 große Kartoffeln (vorwiegend festkochend)
Salz
400 g Dorsch oder Seelachs
Pfeffer
Öl zum Frittieren

So wird's gemacht:

1. Die Kartoffeln schälen, waschen und mit dem Spiralschneider in Spaghettiform schneiden. Salzen und beiseitestellen.
2. Den Fisch in breite Streifen oder Würfel schneiden, salzen und pfeffern.
3. Den Fisch mit den Kartoffelspaghetti umwickeln. Die Spaghettienden dabei einfädeln, damit der Kartoffelmantel hält.
4. Die falschen Fischstäbchen in einer Pfanne mit Öl von allen Seiten anbraten, bis der Kartoffelmantel braun und der Fisch durch ist (etwa 15 Min.).
5. Fischstäbchen aus der Pfanne nehmen, auf einem Küchenpapier kurz abtropfen lassen und servieren.

Die Falschen Fischstäbchen eignen sich als Snack oder Zugabe zu einem Salat. Gut schmeckt dazu auch ein frisches Tomatenragout: Fein gehackte Zwiebeln und Knoblauch in einer Pfanne mit Öl anbraten. Tomaten vierteln, dazugeben und alles etwa 10 Min. garen.

Desserts

Apfel-Quark-Taler

Ergibt: 16 Stück * Zubereitung: 40 Min.
Nährwerte (pro Portion): 112 kcal, KH: 8 g, E: 3 g, F: 7 g

Die Einkausfliste:
1 Packung Blätterteig (Rolle)
1–2 Äpfel
250 g Quark
2 EL Mohnback (Fertigmischung)
Milch
1 TL gemahlener Zimt
Zitronensaft
Zucker
2 EL Mandelblättchen
Puderzucker

So wird's gemacht:

1. Ofen vorheizen (200 °C Umluft).
2. Den Blätterteig ausrollen und 16 Kreise mit einem Durchmesser von etwa 5–7 cm ausstechen
3. Die Kreise auf 2 mit Backpapier ausgelegte Backbleche legen.
4. Die Äpfel waschen und mit dem Spiralschneider in Spaghettiform schneiden. Kerngehäuse nicht verwenden.
5. Die Apfelspaghetti mit dem Quark, dem Mohnback und einem Schuss Milch in einer Schüssel verrühren. Die Masse darf weder zu fest noch zu flüssig sein. Mit Zimt, einem Spritzer Zitronensaft und Zucker abschmecken.
6. Den Apfelquark in die Mitte der Teigkreise geben. Die Teigränder frei lassen.
7. Bleche in den Ofen schieben und Blätterteigtaler 20–25 Min. backen. Die Teigränder gehen so auf, dass sie die Quarkmasse umschließen.
8. Mandelblättchen in einer Pfanne ohne Öl rösten.
9. Wenn die Apfel-Quark-Taler fertiggebacken sind, Bleche aus dem Ofen ziehen und Taler noch warm mit Puderzucker und Mandeln bestreuen und servieren.

Tarte-Tatin-Nudeln an Vanilleeis

Ergibt: 4 Portionen * Zubereitung: 25 Min.
Nährwerte (pro Portion): 357 kcal, KH: 42 g, E: 1 g, F: 19 g

Einkaufsliste:
3 saure Äpfel (z. B. Boskop)
Zitronensaft
100 g Zucker
80 g Butter
½ EL gemahlener Zimt
Vanilleeis

So wird's gemacht:

1. Die Äpfel waschen und mit dem Spiralschneider in Spaghettiform schneiden. Kerngehäuse nicht verwenden. Die Apfelspaghetti in eine Schüssel Wasser mit etwas Zitronensaft geben, damit sie nicht braun werden.
2. Den Zucker in einer Pfanne bei mittlerer Hitze karamellisieren.
3. Die Butter in Flocken sowie ein paar Spritzer Zitronensaft dazugeben und umrühren.
4. Die Apfelspaghetti in einem Sieb gut abtropfen lassen, dann in die Pfanne geben und vorsichtig in den Karamell einrühren. Zimt hinzugeben. Alles 10–15 Min. dünsten, bis die Spaghetti weich sind.
5. Vanilleeis in Gläser füllen. Die Tarte-Tatin-Nudeln darübergeben und das Dessert servieren.

Birnennudeln mit Gorgonzola und Walnüssen

Ergibt: 6 Portionen * Zubereitung: 30 Min.
Nährwerte (pro Portion): 317 kcal, KH: 35 g, E: 7 g, F: 16 g

Einkaufsliste:
6 Birnen
175 ml Birnensaft
50 g Zucker
1 EL Honig
1 Vanilleschote
1 Zimtstange
150 g Gorgonzola
75 g gehackte Walnusskerne

So wird's gemacht:

1. Die Birnen waschen, mit dem Spiralschneider in Spaghettiform schneiden.
2. Birnensaft, Zucker und Honig in einen Topf geben.
3. Vanilleschote mit einem Messer längs halbieren und mit dem Messerrücken das Mark herauskratzen. Vanillemark, -schote und Zimtstange in den Topf geben. Aufkochen.
4. Sobald die Flüssigkeit kocht, die Hitze reduzieren, die Birnenspaghetti in den Topf geben und etwa 3–5 Min. garen.
5. Vanilleschote und Zimtstange aus dem Topf entfernen. Birnenspaghetti durch ein Sieb abtropfen lassen, dabei Saft auffangen. Spaghetti in feuerfeste Tassen geben und mit etwas Birnensud beträufeln.
6. Gorgonzola in kleine Stücke schneiden und mit den gehackten Walnüssen über die Birnenspaghetti geben. Tassen in den Ofen stellen und mit der Grillfunktion 3–4 Min. überbacken, dann herausnehmen und servieren.

Apfelrosen im Blätterteig

Ergibt: 6 Stück * Zubereitung: 20–25 Min.
Nährwerte (pro Portion): 257 kcal, KH: 25 g, E: 2 g, F: 22 g

Einkaufsliste:
2 säuerliche Äpfel (z. B. Boskop)
1 Packung Blätterteig (Rolle)
75 g Aprikosenmarmelade
2 EL Zucker
2 EL gemahlener Zimt

So wird's gemacht:

1. Den Ofen vorheizen (200 °C).
2. Die Äpfel waschen und mit dem Spiralschneider in hauchdünne Locken schneiden. Kerngehäuse nicht verwenden. Die Locken in einzelne Blättchen zerteilen.
3. Den Blätterteig ausrollen und in 5–6 cm lange Streifen schneiden.
4. Die Aprikosenmarmelade mit Zucker und Zimt mischen. Einen Schuss Wasser hinzugeben und alles gut verrühren.
5. Die Teigstreifen mit der Aprikosen-Zimt-Mischung bestreichen.
6. Die Apfelblättchen auf die Blätterteigstreifen legen. Unten sollten die Blättchen genau in der Mitte des Streifens anliegen, sodass die untere Hälfte des Streifens frei bleibt. Oben sollen die Apfelblättchen ca. 1 cm über den Teigrand hinausschauen. Den unteren freien Blätterteigstreifen über die mittig gelegten Apfellocken klappen. Das Ganze einrollen.
7. Die Rollen in Papierförmchen geben und in die Mulden eines Muffinblechs setzen. Im Ofen 20–25 Min. backen, bis der Teig braun ist. Muffinblech aus dem Ofen nehmen und Apfelrosen sofort servieren.

Was wollen Sie essen? – Der kleine Geschmacks-Index

Etwas, das nach Sommer schmeckt! – Frische & leichte Küche

* Mit Ziegenkäse gefüllte Rettichröllchen (S. 27)
* Zucchinispaghetti mit Tomate und Räuchertofu (S. 32)
* Kohlrabinudeln in Zitronensauce (S. 44)
* Zitronen-Hühner-Suppe (S. 47)
* Kalte Joghurtsuppe mit Radieschenlocken (S. 48)

Etwas, das ich noch nie gegessen habe! – Exotische Küche

* Buchweizensalat mit Karotten, Orangen und Granatapfel (S. 22)
* Power-Salat mit Quinoa und knusprigen Kichererbsen (S. 20)
* Karamellisierte Karottennudeln mit Feta und Mandeln (S. 35)
* Steckrübennudeln mit Sesam-Chili-Sauce (S. 40)
* Teriyaki-Lachs mit Rettich-Sesam-Nudeln (S. 54)

Etwas, das mich richtig satt macht! – Herzhafte Küche

* Kartoffelrösti (S. 28)
* Kartoffel-Feta-Happen (S. 29)
* Zucchinipasta alla Carbonara (S. 33)
* Kürbisnudeln in Salbeisauce mit Schinken (S. 34)

* Zucchininudeln mit Ragù (S. 38)
* Garnelen im Kartoffelmantel (S. 52)
* Falsche Fischstäbchen (S. 55)
* Tarte-Tatin-Nudeln an Vanilleeis (S. 58)
* Birnennudeln mit Gorgonzola und Walnüssen (S. 59)

Etwas, das mir bei Schietwetter Magen und Seele wärmt! – Behagliche Küche

* Thainudeln mit Hähnchen (S. 42)
* Wintersuppe mit Wurst, Spinat und Karottennudeln (S. 46)
* Ramen mit Zucchininudeln (S. 49)
* Gemüse-Bohnen-Suppe mit Kürbisnudeln (S. 50)

Etwas, das auf dem Teller was hermacht! – Festtagsküche

* Wintersalat mit Kohlrabistreifen, Thunfisch, Ziegenkäse und Granatapfel (S. 18)
* Currytagliatelle mit Rinderfiletspitzen (S. 36)
* Zucchinipasta mit Shrimps in Weißweinsauce (S. 39)
* Getrüffelte Zucchininudeln (S. 41)
* Rösti-Lachs-Burger mit zweierlei Saucen (S. 53)
* Apfelrosen im Blätterteig (S. 60)

Etwas für zwischendurch! – Knabberküche

- Gemüse-Chips aus dem Ofen (S. 25)
- Süßkartoffelsnack (S. 26)
- Kartoffel-Spinat-Muffins (S. 30)
- Apfel-Quark-Taler (S. 57)

Etwas, das schnell fertig ist! – Blitzküche

- Rote-Bete-Salat mit geräucherter Forelle (S. 19)
- Scharfe Zucchininudeln aglio olio (S. 37)
- Karottennudeln mit Tomatencurry (S. 43)
- Rettichsalat mit Soja-Honig-Dressing (S. 23)

Bildnachweis

Seite 5: Bild 1 © Shutterstock/violeta pasat; Bild 2 © iStock/Seagull_l, Bild 3 © Shutterstock /AS Food studio; Bild 4 © iStock/bhofack2; Bild 5 © Shutterstock/jurra8; Bild 6 © Shutterstock/Magdanatka; Bild 7 © iStock/leekhoailang; Bild 8 © Shutterstock/Family Business; Seite 7: Bild 9 © Gefu; Seite 8: Bild 10 © Shutterstock/violeta pasat; Seite 9: Bild 11–14 © Lurch; Seite 10: Bild 15 © Shutterstock/Csehak Szabolcs; Bild 16 © Shutterstock/Tanya Stolyarevskaya; Bild 17 © Shutterstock/Ekaterina Kondratova; Bild 18 © Shutterstock/welcomia; Bild 19 © Shutterstock/mama_mia; Bild 20 © Shutterstock/Elena Koromyslova; Seite 11: Bild 21 © Shutterstock/Shulevskyy Volodymyr; Bild 22 © Shutterstock/Maria Savenko; Bild 23 © Shutterstock/Tischenko Irina ; Bild 24 © Shutterstock/nelea33; Bild 25 © Shutterstock/Gayvoronskaya_Yana; Bild 26 © Shutterstock/AlexeiLogvinovich; Bild 27 © Shutterstock/Cornelia Pithart; Seite 12: Bild 28 © Shutterstock/violeta pasat; Bild 29 © Shutterstock/Elena Veselova; Bild 30 © Shutterstock/hlphoto; Bild 31 © Shutterstock/seramo; Seite 14: Bild 32 © Gefu; Seite 17: Bild 33 © iStock/Seagull_l; Seite 18: Bild 34 © Shutterstock/margouillat photo; Seite 19: Bild 35 © Shutterstock/tinnko; Seite 21: Bild 36 © Shutterstock/Anna Shepulova; Seite 23: Bild 37 © Shutterstock/fotoknips; Seite 24: Bild 38 © iStock/ bhofack2; Seite 25: Bild 39 © Shutterstock/Andrjuss; Seite 26: Bild 40 © Shutterstock/violeta pasat; Seite 28: Bild 41 © Shutterstock/Brent Hofacker; Seite 30: Bild 42 © Shutterstock/Iryna Melnyk; Seite 31: Bild 43 © Shutterstock/jurra8; Seite 32: Bild 44 © Shutterstock/Magdanatka; Seite 34: Bild 45 © Shutterstock/Diana Taliun; Seite 35: Bild 46 © Shutterstock/AnjelikaGr; Seite 36: Bild 47 © Shutterstock/B.and E. Dudzinscy; Seite 37: Bild 48 © Shutterstock/Tim UR; Seite 39: Bild 49 © Shutterstock/ ANTONIO TRUZZI; Seite 40: Bild 50 © Shutterstock/Michaelpuche; Seite 41: Bild 51 © Shutterstock/Mahony; Seite 43: Bild 52 © Gefu; Seite 44: Bild 53 © Shutterstock/ Joshua Resnick ; Seite 45: Bild 54 © Shutterstock/Magdanatka; Seite 48: Bild 55 © Shutterstock/ORLIO; Seite 51: Bild 56 © iStock/leekhoailang; Seite 53: Bild 57 © Shutterstock/Olga Nayashkova; Seite 54: Bild 58 © Shutterstock/Bochkarev Photography; Seite 55: Bild 59 © Shutterstock/Nikiti; Seite 56: Bild 60 © Shutterstock/ Family Business; Seite 58: Bild 61 © Shutterstock/Drozdowski; Seite 59: Bild 62 © Shutterstock/alexpro9500